Nicolas Dubois

Vers une modélisation de la prise de décision à base d'émotions

Nicolas Dubois

Vers une modélisation de la prise de décision à base d'émotions

Éditions universitaires européennes

Impressum / Mentions légales
Bibliografische Information der Deutschen Nationalbibliothek: Die Deutsche Nationalbibliothek verzeichnet diese Publikation in der Deutschen Nationalbibliografie; detaillierte bibliografische Daten sind im Internet über http://dnb.d-nb.de abrufbar. Alle in diesem Buch genannten Marken und Produktnamen unterliegen warenzeichen-, marken- oder patentrechtlichem Schutz bzw. sind Warenzeichen oder eingetragene Warenzeichen der jeweiligen Inhaber. Die Wiedergabe von Marken, Produktnamen, Gebrauchsnamen, Handelsnamen, Warenbezeichnungen u.s.w. in diesem Werk berechtigt auch ohne besondere Kennzeichnung nicht zu der Annahme, dass solche Namen im Sinne der Warenzeichen- und Markenschutzgesetzgebung als frei zu betrachten wären und daher von jedermann benutzt werden dürften.

Information bibliographique publiée par la Deutsche Nationalbibliothek: La Deutsche Nationalbibliothek inscrit cette publication à la Deutsche Nationalbibliografie; des données bibliographiques détaillées sont disponibles sur internet à l'adresse http://dnb.d-nb.de.
Toutes marques et noms de produits mentionnés dans ce livre demeurent sous la protection des marques, des marques déposées et des brevets, et sont des marques ou des marques déposées de leurs détenteurs respectifs. L'utilisation des marques, noms de produits, noms communs, noms commerciaux, descriptions de produits, etc, même sans qu'ils soient mentionnés de façon particulière dans ce livre ne signifie en aucune façon que ces noms peuvent être utilisés sans restriction à l'égard de la législation pour la protection des marques et des marques déposées et pourraient donc être utilisés par quiconque.

Coverbild / Photo de couverture: www.ingimage.com

Verlag / Editeur:
Éditions universitaires européennes
ist ein Imprint der / est une marque déposée de
OmniScriptum GmbH & Co. KG
Heinrich-Böcking-Str. 6-8, 66121 Saarbrücken, Deutschland / Allemagne
Email: info@editions-ue.com

Herstellung: siehe letzte Seite /
Impression: voir la dernière page
ISBN: 978-613-1-59576-9

À mes enfants Sidonie et Léo

Remerciements

Je tiens en premier lieu à remercier Mme Sylvie Pesty pour sa sympathie et pour m'avoir proposé ce stage, ainsi que M. Yves Demazeau pour m'avoir accueilli au sein de son équipe de recherche. Merci également à M. Albert Rilliard d'avoir accepté de faire partie de ce jury.

Un grand merci à Luca pour sa disponibilité et sa gentillesse à mon égard et ce, tout au long du stage. Ses encouragements, son soutien, ses pistes de réflexion m'ont été des plus précieux. Je ne peux que regretter de n'avoir pas pu le cotoyer quotidiennement au laboratoire.

Mes plus sincères salutations iront à mes colocataires de bureau : Alexandra (pour sa playlist rock) et Michal (qui excusera mon accent anglais) ; je salue également tous les autres membres de l'équipe : les doctorants Damien (pour son savoir encyclopédique sur l'environnement Eclipse), Joris, Dimitri et Xavier. Sans oublier les autres stagiaires : Pierre-Antoine (pour son sympathique thé dont la caféine nous aura été du plus grand secours) et Maxillien.

Une pensée amicale pour mes collègues de promotion, dispersés dans les laboratoires de l'agglomération grenobloise et d'ailleurs...

Plus personnellement, je tiens à remercier chaleureusement mes parents pour m'avoir permis de poursuivre mes études à Grenoble. Plus amoureusement, je tiens à remercier Virge « pour tout *sha* » !

Ce tapuscript a été mis en page avec LaTeX (classe « scrbook » - KOMA-Script) et BibTeX (style « named »).

Sommaire

Introduction

Le cinéaste américain Kurt Wimmer propose dans son film *Equili-brium*[1], sa vision d'un monde futuriste où les émotions et toutes les formes de sentiments sont prohibées. Les protagonistes du film doivent en effet s'injecter régulièrement une dose de *Prozium* : une drogue anti-anxiété qui anihile toute émotion. La citadelle de *Libria*, dans les années 2070, devient alors un havre de paix, où tous les hommes semblent vivre heureux sous l'emprise d'un régime fasciste dirigé par un maître om-nipotent : le Père. Le héros du film, John Preston (joué par l'acteur  américain Christian Bale) va être victime d'un revirement « spirituel » en oubliant de prendre sa dose quotidienne de Prozium, et va alors se rebeller contre ses supérieurs hiérarchiques pour délivrer la cité.

L'objet de cette introduction n'est bien évidemment pas de proposer une critique cinémato-graphique du film *Equilibrium*. Cependant, le visionnement de ce film permet de tirer plusieurs conclusions. Premièrement un monde sans émotion serait d'une lassitude infinie. Outre le fait qu'il est strictement interdit aux personnages de cette fiction d'exprimer quelque émotion, toute forme artistique pouvant les détourner du droit chemin y est également proscrite (musique, littérature, théâtre, cinéma, ...)[2]. Mais plus important encore pour notre étude, on se rend vite compte que le scénario, aussi bon soit-il, souffre de lacunes décelables par un œil quelque peu avisé : *les personnages ne prennent jamais de décision sans faire appel à leur vécu, et donc aux émotions qu'ils peuvent ressentir en y repensant.*

Ce dernier point va nous servir de fil conducteur pour notre étude. C'est d'ailleurs un des enseignements principaux que l'on peut tirer du fameux ouvrage de [Damasio, 1994] : les émotions sont non seulement nécessaires dans la vie quotidienne, mais sont indispensables pour notre raisonnement.

---

1. Film américain de science fiction, produit en 2002, sorti en France le 9 Juillet 2003, avec pour principaux interprètes Christian Bale, Emily Watson et Taye Diggs.
2. Difficile d'écrire ces lignes sans penser que cette histoire morbide s'appuie malheureusement sur des faits historiques bien réels qui ont eu lieu dans un pays limitrophe à la France dans les années 30...

Après un état de l'art sur les différents points de vue théoriques sur le concept d'émotion, et de son rôle dans la prise de décision, nous étudierons comment celles-ci peuvent jouer un rôle fondamental dans des applications d'Intelligence Artificielle Distribuée, et plus particulièrement en contexte de dialogue Homme-Machine. Enfin, dans un troisième temps, nous présenterons la plateforme d'agent conversationnel de recommandation ACORE (développée au laboratoire Leibniz-IMAG dans l'équipe MAGMA) ainsi que les améliorations et perspectives qui nous proposons d'y apporter.

Chapitre 1

État de l'art : émotion et prise de décision

Si quelque soit le sujet d'étude, l'état de l'art est un exercice délicat et laborieux, celui que nous proposons ici ne pourra de tout évidence prétendre à l'exhaustivité, tant la littérature dans ce domaine y est abondante.

Aucun manuel scientifique sérieux ne s'aventurerait à donner une définition d'une *émotion* tant ce concept est difficile à définir ; certains font le constat que « tout le monde sait ce qu'est une émotion, jusqu'à ce que vous lui demandiez de la définir [Fehr and Russell, 1984] ». Cette absence de consensus est d'ailleurs toujours visible à l'heure actuelle.

Historiquement, l'émotion a été considérée comme un obstacle à la raison, un processus qui entravait l'esprit humain. Cette dichotomie entre *émotion* et *raison* persistera pendant des siècles de littérature, jusqu'à l'apport très récent des neurosciences.

Dans un souci pédagogique, l'étude est présentée par discipline et non pas chronologiquement.

1.1 Prémisses philosophiques

Les émotions constituent un thème important dans la philosophie de nombreux auteurs classiques comme Platon, Aristote, Spinoza, Descartes, Hobbes ou encore Hume. Cet intérêt n'est guère surprenant étant donné l'importance des émotions dans la vie de l'Homme. Néanmoins, comme l'indique [de Sousa, 2003], les auteurs du 20e siècle ne traiteront à peine ce sujet, tant en

3

philosophie de l'Esprit, qu'en psychologie ; la pluralité des phénomènes tombant sous le concept d'*émotion* explique en partie le manque de motivations pour ce sujet.

Aussi, après des siècles de littérature relégant les émotions à une entrave de l'esprit humain, René Descartes va quant à lui, rétablir son statut d'objet d'étude à part entière. Dans les Passions de l'âme, il propose de considérer deux substances distinctes : le corps et l'esprit, respectivement loci de l'émotion et de la raison. René Descartes explique le lien entre ces deux substances par le biais d'une région spécifique dans notre cerveau : la *glande pinéale*. Ce débat sur le dualisme est à la base de la réflexion épistémologique des sciences cognitives, qui tente de réduire la psychologie aux neurosciences.

1.2 Contributions physiologiques

Les deux types de théories que nous allons étudier dans cette section ont eu un apport conséquent sur les approches psychologiques, et partent du constat empirique que les émotions ont des manifestations physiologiques : rougissement de la peau en cas gêne, suffoquement, etc.

Le débat se situe sur la caractérisation du centre responsable des émotions ; *i.e.* si elles sont déterminées par les centres sensori-moteurs (théories périphériques), ou bien s'il existe un centre spécifique dans le cerveau qui les contrôle (théorie centrale). Nous verrons dans une troisième sous-section une tentative de compromis entre ces deux théories.

1.2.1 Théories périphériques

Les théories périphériques sous-tendent que les centres sensori-moteurs sont garants de nos émotions. Un des apports les plus précieux dans le domaine des émotions est celui de [James, 1884] qui renverse la vision populaire « j'ai peur donc je tremble » en « je tremble, donc j'ai peur ». Cette vision de prime abord contre-intuitive, est tout à fait révolutionnaire pour l'époque. Selon [James, 1884], la peur provoquée par la vision d'un ours vient du fait que nous nous enfuirions pour lui échapper ! Ce sont les changements physiologiques, analysés par le cerveau, qui provoquent cette sensation : l'*émotion*.

Plus tard, [Lange, 1885] formulera les mêmes hypothèses que [James, 1884] en précisant que le centre vasomoteur serait le centre spécifique des émotions dans le cerveau.

4

1.2.2 Théorie centrale

L'article de [Cannon, 1927] propose une critique de la théorie de James-Lange en considérant non plus les changements physiologiques comme origine de l'émotion, mais bel et bien comme la conséquence et la planification par le système nerveux central de celle-ci.

1.2.3 Théorie cognitivo-physiologique

Nous avons vu précédemment que le différend portait sur le fait que les émotions sont le résultat ou la cause des réactions physiologiques. Dans les théories cognitivo-physiologiques comme celle que propose [Schachter and Singer, 1962], il est suggéré que l'*émotion* est l'effet de réactions physiologiques, accompagnées par l'*état cognitif* du sujet (voir Fig. 1.1).

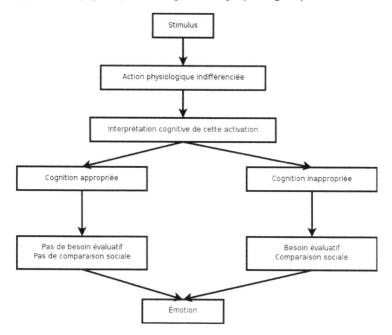

Figure 1.1 : Représentation schématique du modèle de Schachter & Singer

En outre, les théories cognitivo-physiologiques s'attachent à démontrer le rôle des processus cognitifs dans le déclenchement et la nature de l'émotion, avec toutefois quelques limites puisque leur théorie avancent qu'un individu ressentirait une émotion dans un processus très figé :

- par une activation physiologique ;
- une cognition appropriée à cette activation ;
- une relation causale entre ces deux points.

Pour d'autres comme [Valins, 1966], le déclenchement de l'émotion ne peut résulter que d'une stimulation cognitive. Quant à [Mandler, 1980], il affirme que la naissance de l'émotion est le résultat d'une évaluation de la situation par le sujet au moyen de schémas émotionnels préexistants.

1.3 Les approches psychologiques computationnelles

Ce type de théories va précisément nous intéresser dans la suite de notre étude. Plus récemment, les théories des émotions ont adopté le point de vue selon lequel la *cognition* détermine l'*émotion* ressentie. Les théories de l'évaluation cognitive (appraisal) visent à expliquer ce qui distingue une expérience émotionnelle d'un autre type d'expérience, et ce qui différencie les expériences émotionnelles entre elles (peur vs. tristesse). Selon ce type de théories, l'émotion correspond à l'évaluation cognitive dépendante de facteurs situationnels, culturels, de la personnalité, mais aussi du stimulus et de son impact sur l'individu.

Nous allons voir dans cette sous-section, trois théories dont l'apport pour l'intelligence artificielle est moindre concernant notre étude, mais qui restent incontournables dans la littérature sur les émotions.

1.3.1 Introduction de la notion d'évaluation cognitive (appraisal)

La notion d'*évaluation cognitive* a été introduite par [Arnold, 1950], affirmant que les expériences émotionnelles antérieures, et l'estimation des conséquences possibles de la situation pour l'individu doivent être les paramètres-clés des théories relevant des émotions. La figure 1.2 montre schématiquement les différentes étapes de la théorie de Madga Arnold.

1.3.2 Vers des théories computationnelles

1.3.2.1 Richard S. Lazarus

La théorie relationnelle, motivationnelle et cognitive de [Lazarus, 1991] part, quant à elle, du principe que toute émotion est contextualisée, et que de fait, elle résulte de l'influence mutuelle d'une personne et de son environnement donné. Celle-ci se déclenche lorsque le « bien-être » de la personne est menacé ou augmenté par ce dit contexte ; l'émotion sera donc positive ou négative

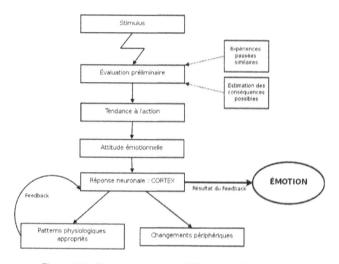

Figure 1.2 : Représentation simplifiée du modèle d'Arnold

selon les cas (théorie relationnelle). Il ajoute que l'importance des motivations de l'individu dans sa capacité à « s'adapter » à l'environnement rend les émotions dépendantes de celles-ci (théorie motivationnelle). Enfin, sa théorie est cognitive parce qu'elle reconnaît l'émotion comme liée à la connaissance et l'évaluation de l'environnement par le sujet. En outre, [Lazarus, 1991] introduit l'idée que l'émotion n'est plus seulement un processus interne et propre à chaque personne, mais également dépendante de l'environnement social de cette personne et du traitement cognitif de cette interaction par celle-ci.

1.3.2.2 Peter J. Lang

Tout comme [Frijda, 1986], [Lang, 1985, Lang, 1994] définit les émotions comme des dispositions à l'action. Il considère que chaque épisode émotionnel est gravé dans la mémoire de l'individu et intègre un réseau d'unités informationnelles (stimulus, réponse, pensée [1]) susceptible d'être activé à chaque stimulation. L'émotion est donc considérée comme un processus cognitif de traitement de l'information, la mémoire jouant un rôle déterminant dans le déclenchement et l'activation du phénomène émotionnel.

---

1. Les *unités stimulus* correspondent aux réprésentations des événements perçus, les *unités de réponse* codent les trois systèmes de réponses basiques (comportements, mobilisation physiologique et langage expressif), les *unités de pensées* se réfèrent quant à elles à des connaissances sémantiques associées.

1.3.2.3 Ira J. Roseman

Le modèle d'évaluation cognitive de [Roseman *et al.*, 1990] permet de générer des émotions selon une procédure d'évaluation d'un événement, divisés en deux catégories : les *motive-consistent events* (*i.e.*, les événements considérés comme cohérents avec l'un des buts de l'individu) et les *motive-inconsistent events* (*i.e.*, événements qui menacent l'un des buts de l'individu). Ainsi, un événement pourra être motivé par le désir d'obtenir une récompense ou au contraire d'échapper à une punition. L'étude du modèle de [Roseman *et al.*, 1990] est intéressante pour sa simplicité et les bases qu'il pose dans l'étude de l'évaluation cognitive.

1.3.3 Le modèle de Klaus R. Scherer

Selon [Scherer, 1984], l'émotion est multidimensionnelle et comporte 5 éléments :

1. une composante d'*évaluation cognitive* des stimulations ou des situations, *i.e.*, l'évaluation de l'environnement ;

2. une composante *physiologique d'activation*, *i.e.*, la régulation du système émotionnel ;

3. une composante d'*expression motrice*, *i.e.*, la préparation à l'action ;

4. une composante *motivationnelle*, incluant les ébauches d'actions et les préparations comportementales, *i.e.*, la communication des intentions ;

5. une composante *subjective*, *i.e.*, la réflexion, le contrôle, la surveillance.

En proposant son modèle des *processus composants*, [Scherer, 1984] s'attache surtout à cette première composante qu'est l'évaluation. L'auteur avance le fait que les émotions naissent au point de rencontre entre l'organisme et son environnement, et ce, après une série d'évaluations cognitives des stimulations internes et externes, et de leur importance pour l'organisme. Il distingue alors 5 étapes déterminantes dans le traitement du stimulus (stimulus evaluation checks) pour les réponses du sujet, et dans le déclenchement ou non de l'émotion. Les facteurs sociaux apparaissent dans son schéma comme susceptibles d'influencer la séquence d'évaluation. Les théories fondées sur les critères d'évaluation mettent en évidence le rôle important de l'antécédent de l'émotion, et donc du changement.

1.3.4 Le modèle de Nico H. Frijda

Selon le modèle théorique de [Frijda, 1986], l'émotion est composée d'un ensemble de phases ou de composantes distinctes qui s'influencent mutuellement, sans pour autant être déterminantes les unes des autres.

Le processus émotionnel décrit à la figure 1.3 (page 10) comporte un événement stimulus qui déclenche :

une phase d'analyse et de codage qui assimile le stimulus et recherche les éventuelles familiarités ou connaissances de celui-ci, et entraîne ainsi l'évaluation de ces causes et conséquences ;

une phase de comparaison qui correspond quant à elle à une première évaluation du stimulus, de sa pertinence au regard des intérêts et buts de la personne. Quatre types de signaux peuvent alors émerger : le plaisir, la douleur, le désir ou la surprise ;

une phase de diagnostic qui évalue le stimulus dans sa globalité, et répertorie différentes actions possibles à émettre ;

une phase d'évaluation qui permet de rendre compte de l'urgence, de la difficulté ou de la gravité de l'événement.

Ces séquences de phases de traitement de l'information entraînent alors une préparation à l'action, qui induit à son tour les changements périphériques associés et la réponse émotionnelle. Toutes ces phases seraient, par ailleurs, contrôlées par un processus de régulation. On peut retenir que selon [Frijda, 1986] la notion de préparation à l'action est la caractéristique la plus importante de l'émotion. Cette notion fait référence à des dispositions innées pour l'exécution de certaines actions ou l'achèvement de certains changements relationnels avec l'environnement.

1.3.5 Le modèle d'Ortony, Clore & Collins (OCC)

Le modèle d'[Ortony *et al.*, 1988] reste à l'heure actuelle, le modèle de référence dans les émotions artificielles. Le modèle OCC est une théorie computationnelle de simulation d'états émotionnels, reposant sur une évaluation cognitive des *buts*, *standards* et *attitudes* des protagonistes d'un *événement*. Ainsi le modèle permet d'évaluer les conséquences d'un événement (action téléologique et rationnelle), des actions liées à cet événement (en fonction des standards) et des objets qui y sont impliqués (en regard des attitudes portées à l'encontre de ces objets). Cette formalisation permet ainsi de se rapprocher du concept d'agent (Cf. §2.1.1, page 12) de plus en plus courant en modélisation informatique et en Intelligence Artificielle (IA).

Le modèle OCC propose de considérer 22 émotions qui, sous la forme d'un arbre de décision, traduisent la manière dont se réalise l'évaluation émotionnelle d'une situation. On retrouve trois branches principales, évaluées dans l'ordre selon :

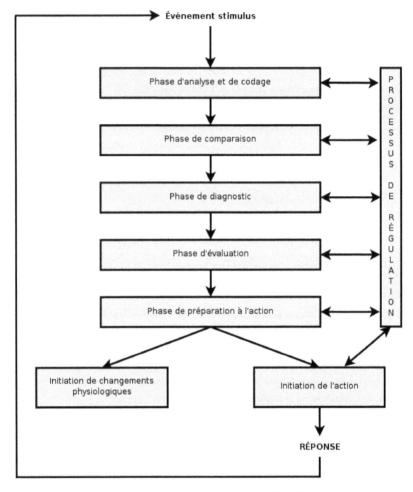

Figure 1.3 : Représentation schématique du modèle de l'émotion en composantes

1. les conséquences de l'événement en cours ;
2. les actions de l'agent ;
3. les objets impliqués dans l'événement.

10

1.4 Synthèse

L'émotion, d'abord considérée comme une entrave à la raison humaine par les philosophes, a su obtenir ses galons d'objet d'étude scientifique pluridisplinaire : *physiologique* d'une part, pour tenter de déterminer le centre responsable des émotions, et *psychologique* d'autre part, pour rendre compte des états émotionnels. Pour notre étude, nous nous sommes focalisés sur les théories de l'évaluation cognitive (appraisal), seules théories pouvant être rendues computationnelles. Des trois théories les plus remarquées dans la littérature, seul le modèle OCC semble être adapté à une implémentation informatique.

Chapitre 2

Vers une modélisation informatique des émotions

Un des principaux buts de l'Intelligence Articielle (IA) a toujours été de produire des systèmes dits intelligents pour imiter les actes et la raison des humains, dans un domaine spécifique. En prenant en compte l'importance des émotions dans le raisonnement humain, il apparaît naturellement nécessaire de l'inclure dans un système intelligent, pour le rendre *plus humain*. Même si la composante émotionnelle n'est pas requise dans tous les domaines de l'IA [1], les interfaces homme-machines deviendraient plus usuelles et ergonomiques si la composante émotionnelle y était présente.

2.1 Les systèmes multi-agents

Nous allons voir dans cette section une définition d'un système multi-agent (SMA), puis le paradigme choisi par l'équipe de recherche dans laquelle j'ai effectué mon stage.

2.1.1 Définition d'un agent

Un agent est une entité logicielle (application) ou physique (robot), qui dispose de perceptions limitées, de capacités décisionnelles, d'une certaine autonomie et d'actionneurs qui lui permettent de modifier l'environnement dans lequel il se situe.

On peut dégager 4 caractéristiques fondamentales d'un agent :

situé : se trouve dans une certaine partie de l'environnement ;

localité : n'a qu'une vue partielle de cet environnement ;

capacités décisionnelles : décide à partir de ses perceptions et éventuellement d'une représentation interne de l'action à entreprendre ;

intentionalité : cherche à modifier l'environnement pour atteindre un état de satisfaction.

---

1. Si un système intelligent prenait en compte les émotions comme la peur, le stress, l'anxiété, dans des tâches critiques comme le contrôle du trafic aérien, ou un diagnostic médical, les résultats pourraient être catastrophiques !

On pourra trouver une définition plus exhaustive du concept d'agent dans l'ouvrage de référence de [Ferber, 1995]. Cependant, on peut tout de même préciser qu'on distingue plusieurs types d'agents [2].

2.1.1.1 Les agents cognitifs

Également appelé agent *délibératif* dans la littérature, ce type d'agent est principalement issu de l'IA classique. En outre, un agent cognitif est semblable à un système expert doté de capacités communicationnelles développées, en particulier pour la négociation et la résolution de conflits. Ce type d'agent manipule essentiellement des connaissances symboliques, et engendre des complications de conception et de modélisation.

2.1.1.2 Les agents réactifs

Les agents réactifs sont plus dédiés à l'intelligence collective. Selon [Ferber, 1995], des agents réactifs ne sont pas nécessairement *intelligents*, mais misent sur un comportement global intelligent. Ce type d'agent a une inspiration biologique, et plus exactement éthologique, en prenant pour exemples les insectes sociaux comme les fourmis ou les abeilles.

2.1.2 Définition des SMA

Un système multi-agent est, toujours selon [Ferber, 1995, page 15], composé des éléments suivants :

1. un environnement U, *i.e.*, un espace disposant d'une métrique ;

2. un ensemble d'objets O ;

3. un ensemble d'agents A, qui sont des objets particuliers $(A \subseteq O)$;

4. un ensemble de relations R qui unissent des objets (et donc agents) entre eux ;

5. un ensemble d'opérations O_p permettant aux agents de A de percevoir, produire, consommer, transformer et manipuler des objets de O ;

6. des opérateurs chargés de représenter l'application de ces opérations, et la réaction du monde à cette tentative de modification, que l'on appellera les lois de l'univers.

---

2. La littérature en intelligence artificielle distribuée (IAD) tend à allonger cette liste ; par exemple, on trouvera des agents purement communicants, purement situés, intentionnels, pulsionnels, hédonistes, éductifs, spéculaires, égoïstes, individualistes, philantropes, ...

2.1.3 Une méthodologie alternative : le système VOYELLES

La définition vue précédemment reste assez formelle. L'équipe MAGMA oriente ses travaux en suivant le paradigme VOYELLES. Cette méthodologie suppose de considérer les systèmes multi-agents selon 4 grandes composantes fondamentales : agents (A), environnements (E), interactions (I) et organisations (O) ; on peut également ajouter la cinquième voyelle de l'alphabet latin qui permettrait d'ajouter l'utilisateur (U).

On fait le constat que les SMA se rapprochent de plus en plus des problèmes liés à l'Interaction Homme-Machine (IHM) qui tend d'ailleurs à se renommer progressivement en Interaction Personne-Système. En effet, les agents d'un SMA peuvent très bien être des agents dits naturels (les utilisateurs). Dans un contexte de dialogue Homme-Machine, il est évident que la composante primordiale est l'*interaction*. C'est ce que l'on se propose d'étudier dans la section suivante.

2.2 Une composante essentielle des SMA : l'interaction

Pour étudier les différents types d'interactions, il faut tout d'abord revenir à des considérations appartenant à la philosophie du langage. Nous allons donc voir très succinctement dans une première sous-section les interactions homme-homme (la théorie des Actes de Discours), puis les interactions agent-agent (les langages de communication entre agents comme ACL ou KQML). Enfin, nous verrons les tentatives actuelles pour concilier ces deux types de dialogue pour les communautés mixtes (agents naturels et artificiels).

2.2.1 La théorie des Actes de Discours

Historiquement, [Austin, 1962] a été le premier à mettre en évidence les fondements de la philosophie du langage dans son recueil "How to do things with words". Son élève, John Searle, va ensuite théoriser l'approche d'Austin dans [Searle, 1969]. Il y proposa une première taxinomie des actes de discours. Une axiomatisation sera faite par [Searle and Vanderveken, 1985], qui a donné lieu à la logique illocutoire formalisée par [Vanderveken, 1988] et qui fait partie intégrante de la sémantique générale de ce dernier.

Nous ne pouvons bien évidemment pas entrer dans les détails pour ces différentes théories qui ont aboutis à la logique illocutoire. L'objet de cette présentation se restreint à la citer tant son importance est grande, et notamment dans les langages de communication entre agents qui s'en sont largement inspirés.

2.2.2 Les langages de communication entre agents

Des langages de communication entre agents sont des langages formels, basés sur la théorie des Actes de Discours. Leurs apparitions datent des années 90, initiées par le Knowledge Sharing Effort (KSE)de la Defense Advanced Research Project Agency (DARPA). À ce jour, deux langages font référence :

KQML : Knowledge Query and Manipulation Language ;

FIPA-ACL : Agent Communication Languages de la Foundation for Intelligent Physical Agents.

```
(ask-one
  :sender nico
  :receiver virge
  :language KIF
  :ontology foo
  :reply-with q1
  :content (val (age virge))
)
```

Figure 2.1 : Exemple de message KQML

La figure 2.1, qui est un exemple de message KQML, correspond à la demande de l'agent *nico* qui adresse à l'agent *virge* dans le langage KIF [3] le message « Donne-moi ton âge, s'il te plaît » (:content (val (age virge))). Cette requête q_1 est effectuée sous l'ontologie « foo ».

Ces langages ont pour base théorique la philosophie de l'action et la théorie des Actes de Discours, qui considère que chaque énoncé est une action à part entière du locuteur (*e.g.*, « Il fait beau », c'est affirmer que la proposition « Il fait beau » est vraie.)

2.2.3 Les interactions homme-agents ?

Si la théorie des Actes de Discours permet de rendre compte de l'interaction entre les hommes ; si des langages formels existent pour rendre de compte de l'interaction entre agents ; qu'en est-il des interactions Homme-Agent dans des communautés mixtes ? C'est en outre le travail de [Berger and Pesty, 2005a, Berger and Pesty, 2005b] qui tente de définir un langage commun à la logique illocutoire d'une part, et les ACLs d'autre part.

---

3. KIF, qui signifie Knowledge Interchange Format, est un langage de plus bas niveau pour formaliser le contenu d'un message. On peut noter que sa syntaxe, comme celle de KQML, est proche du langage *Lisp* (List Processing) énormément utilisé en IA.

2.3 Des interactions émotionnelles

Nous allons voir dans cette section l'importance que peuvent jouer les émotions dans les interactions en contexte multi-agents.

2.3.1 De l'IHM à l'IPS...

L'interactivité est une tendance majeure des applications informatiques actuelles. Aussi, l'interactivité Homme-Machine évolue et tend à se redéfinir comme l'interaction entre l'homme et non plus une, mais plusieurs entités informatiques autonomes, communément appelées *agents*, qui interagissent, se coordonnent et coopèrent pour la résolution de problèmes. L'Interaction Homme-Machine (IHM) devient alors l'Interaction Personne-Système (IPS).

Dans le domaine des SMA, les architectures classiques [4] sont insuffisantes dès lors que l'agent est en lien étroit avec l'humain et qu'il interagit avec lui socialement.

L'enjeu est alors de considérer non seulement les connaissances, mais également les artefacts d'ordre psychologique, pour envisager d'interpréter plus finement des messages complexes venant de l'utilisateur (*i.e.*, l'humain), et de prendre des décisions circonstanciées et adéquates relativement au contexte d'interaction.

2.3.2 Des émotions dans les interactions

Les agents conversationnels ont montré leur fort potentiel permettant à interagir avec l'utilisateur de façon naturelle et intuitive, et ce, en utilisant un moyen d'interaction que l'utilisateur connaît bien : *la conversation*. En plus de percevoir et générer des comportements verbaux et non verbaux, il faut pouvoir montrer (ou ressentir ?) des états émotionnels, soutenir des relations sociales. Le rôle des émotions est ici de réguler la conversation.

2.4 Applications existantes à l'aide d'approches SMA

Dans cette section, je présente trois applications SMA qui intègrent une modélisation des émotions.

---

4. Depuis plus d'une dizaine d'années, les agents cognitifs, seuls capables d'interactions avec un humain, sont fondés sur des méthodologies conceptuelles dites rationnelles, issues des modélisations BDI (Beliefs, Desires and Intentions)[Rao and Georgeff, 1995, Rao and Georgeff, 1998].

2.4.1 Le projet Oz

Développé à l'université de Canergie Mellon dans les années 90, le projet Oz se positionne comme un projet précurseur en matière d'interaction dans une communauté mixte (agents naturels vs. artificiels). À la base, ce projet avait pour préoccupations la réflexion propre aux metteurs en scènes, scénaristes ou encore acteurs, *i.e.* faire en sorte que le spectateur soit touché et impliqué dans la pièce de théâtre qu'il est en train de voir. Pour ce faire, reste fondamental que la situation soit plausible, et maintienne le spectateur dans cette impression de vraisemblance [Reilly and Bates, 1992].

En terme d'implémentation, un agent plausible passe par une architecture à large champ, prettant à l'agent des capacités supérieures à celles dont il dispose réellement aux yeux du spectateurs. Cette architecture, appelé TOK, est segmentée en trois modules :

Hap : le module de planification ;

Em : le module d'émotion ;

Sensory routines & integrated sense model : module de perception et de représentation du monde.

Même si ce projet montre de nombreux aspects intéressants sur les émotions, avec notamment le choix du modèle OCC, il comporte ses propres limites comme *e.g.* les souhaits qui sont gérés de manière statique (sans référence aux événements passés), alors que, bien entendu, dans la réalité, ceux-ci fluctuent en fonction du temps. De plus, la désirabilité est implémentée sous forme booléenne (*i.e.*, vrai ou faux), alors que dans le modèle original, celle-ci se mesure sur une échelle continue (valeur prise dans l'intervalle $[0, 1]$). Enfin, les buts multiples (/particulier) ou l'idée de succès (/échec) partiel d'un but ne sont pas pris en compte dans l'architecture d'agent.

2.4.2 L'Affective Reasoner

Une autre approche SMA appliquée à l'émotion est développée par [Elliot, 1992] : l'Affective Reasoner. il s'agit d'une implémentation du modèle psychologique d'[Ortony *et al.*, 1988], augmenté de 4 émotions [5]. Il les utilise comme la base de son système, pour synthétiser et reconnaître les émotions basées sur un raisonnement cognitif [Picard, 1995].

L'Affective Reasoner montre comment la modélisation des personnalités d'agents et leurs relations sociales peuvent interagir avec la génération d'émotions. La personnalité est modélisée de manière dichotomique par [Elliot, 1992] :

---

5. Le modèle OCC compte 22 émotions (Cf. §1.3.5, page 9)

1. concordance(s) entre les événements d'action et objets, avec le respect, les buts, les standards et les préférences d'un agent ;

2. action de l'agent en réponse à un état émotionnel.

Chaque agent ayant sa propre vision et représentation de lui-même et des autres, va juger, durant la phase de simulation, chaque interactant, et ce, en utilisant son propre savoir au sujet des émotions et des actions. À noter que chaque agent peut inférer sur les états et expressions émotionnels, ainsi que les actions des autres agents de la situation, pouvant améliorer par là-même le processus d'interaction.

Malgré la pertinence de l'Affective Reasoner, le modèle souffre de lacunes telles que la résolution de conflits d'émotions, l'apprentissage d'émotions et de souhaits, le filtrage des émotions et leurs relations aux motivations.

2.4.3 Le modèle adaptatif des émotions basé sur la logique floue (FLAME)

FLAME (Fuzzy Logic Adaptative Model of Emotions) est un autre système de génération d'émotions dans des agents, sauf que ce système utilise la *logique floue*[6] pour représenter des événements, des buts et des émotions [El-Nasr *et al.*, 1999].

L'architecture d'agent de FLAME proposée par [El-Nasr *et al.*, 2000] est composée de trois modules impliqués dans : les émotions, la prise de décision, l'apprentissage.

L'algorithme utilisé pour sélectionner le comportement émotionnel de l'agent se décompose de la manière suivante :

1. l'agent perçoit les événements d'un environnement ;

2. les perceptions utilisent les modules émotionnels et d'apprentissage ;

    (a) le module émotionnel évalue les événements, afin de calculer les niveaux d'émotions des agents ;

    (b) la valuation d'un événement dépend des buts de l'agent et de l'expérience apprise par le passé, d'où le module d'apprentissage gardera les associations et liens séquentiels entre les événements à utiliser dans le processus émotionnel ;

---

6. À l'inverse de la *logique booléenne*, la *logique floue* permet à une condition d'être en un autre état que *vrai* ou *faux* : elle a des degrés dans la vérification d'une condition. Le lecteur pourra consulter [Zadeh, 1965], qui a été le premier à formaliser la logique floue, en se fondant sur une extension de la théorie des ensembles : les sous-ensembles flous.

3. toutes les émotions sont filtrées pour produire : un état émotionnel de l'agent et un comportement émotionnel ;

4. le module de prise de décision reçoit l'information sur le comportement qui lui permet d'affecter l'action spécifique à prendre en compte par l'agent.

Les règles de la logique floue sont utilisées pour mesurer le désir qu'un événement produit, et ce, de la façon suivante : si un but $\mathcal{G}$ est affecté par un événement $\mathcal{E}$ avec un degré $\mathcal{A}$ (où $\mathcal{A}$ est un descripteur flou ayant pour valeurs : impact haut, moyen ou bas) et l'importance du but $\mathcal{G}$ est $\mathcal{B}$ (où $\mathcal{B}$ est un autre descripteur flou ayant pour valeurs : importance haute, moyenne ou basse), alors le désir de l'événement $\mathcal{E}$ sera $\mathcal{D}$.

Le modèle d'évaluation émotionnel de FLAME est fondé sur [Ortony *et al.*, 1988], qui est un ensemble de règles générant des émotions en fonction des attentes de l'agent, et des niveaux de désir d'événement. Ce modèle prend aussi en compte des facteurs de dépendance temporelle comme les modes, et la diminution de l'intensité de l'émotion avec le temps. Cette évolution dynamique des émotions fournit plus de réalisme à la simulation.

Le module d'apprentissage est une caractéristique importante de FLAME qui utilise les expériences passées pour affecter la valeur de chacune des émotions. Le modèle sauvegarde toujours la réponse de l'agent à un événement spécifique, pour l'utiliser dans le futur si une situation similaire arrive. FLAME emploie la théorie des probabilités pour apprendre les associations entre les événements et les séquences d'actions générées. À chaque fois qu'une séquence est observée, sa probabilité croît.

Le modèle d'[El-Nasr *et al.*, 2000] a été testé avec un système pour simuler les expressions faciales d'un bébé, avec huit différentes émotions de base. Les interactions entre un utilisateur et un bébé sont simulées en produisant dynamiquement une expression faciale appropriée pour un ensemble d'événements. Les résultats de cette expérience ont été satisfaisants puisque le bébé a été capable de répondre comme attendu, avec un mélange complexe d'émotions.

2.5 Synthèse

Après avoir défini les systèmes multi-agents (SMA) et leur élément de base (l'agent), nous avons montré l'intérêt de prendre en compte les émotions dans ce type de systèmes. L'émotion permet en effet une régulation du dialogue, ce dernier étant un composant essentiel dans le cadre de communauté mixte. Nous avons vu enfin 3 applications combinant émotion et approche SMA, et utilisant toutes le modèle OCC, qui semble donc incontournable dans notre proposition d'agent conversationnel / émotionnel.

Chapitre 3

Proposition d'un modèle d'agent conversationnel / émotionnel

Il sera question dans ce chapitre d'une proposition d'évolution de la plateforme ACORE vers une architecture d'agent conversationnel qui gèrerait les émotions. Après avoir présenté la plateforme existante, nous verrons le travail préliminaire effectué sur celle-ci, pour la « remettre sur pied », puis une proposition théorique pour y implémenter un module émotionnel.

3.1 Présentation de la plateforme ACORE

ACORE est une plateforme d'*agent conversationnel* appliquée au commerce électronique, afin de permettre aux internautes de rechercher un produit correspondant à leurs souhaits, non plus par un moteur de recherche (*i.e.*, via l'utilisateur de mots clés) mais à l'aide d'un langage naturel. Les travaux de [Brincourt, 2003] s'appuient sur l'application le « Deuxième Monde » de la société Canal +.

3.1.1 Le deuxième monde

Le travail initial repose sur [Chicoisne, 2002] qui fut l'objet d'un partenariat entre Canal + et la société Cryo, dans le cadre de la communauté virtuelle « le Deuxième Monde ». Elle représente essentiellement des quartiers de Paris en 3D, où les utilisateurs se connectent via Internet. Ils disposent d'une interface graphique pour faire évoluer leur *avatar* dans cet univers, et une interface de dialogue textuelle (type chat) pour discuter avec les autres personnages.

En outre, le Deuxième Monde vise à multiplier les rencontres et les interactions entre utilisateurs. En mettant des agents virtuels au service de ceux-ci, ils permettent d'augmenter la population de cette communauté ; chaque agent virtuel étant amené à jouer un rôle parmi cette communauté (*e.g.*, conseiller dans les magasins existants). Agents et humains communiquent nécessairement dans ce nouveau type de communauté mixte.

Figure 3.1 : Un présenteur virtuel du Deuxième Monde.

Le travail de [Brincourt, 2003] a consisté à reprendre la structure générale de l'architecture d'agent de [Chicoisne, 2002] afin de proposer une architecture d'agent pour le commerce électronique.

3.1.2 Architecture générale

L'architecture générale de la plateforme ACORE est schématisée par la figure 3.2. Nous voyons qu'il s'agit d'une plateforme de dialogue qui « « se limite » » à la modalité langagière. Ainsi, l'application consiste en un dialogue entre l'utilisateur et l'agent. Le domaine d'expertise de l'agent est fonction de sa base de connaissance associée : il s'agit ici de la base de données « Mes Meilleurs Amis (MMA) » utilisée par [Chicoisne, 2002] et qui fait l'objet d'une discussion ultérieure (Cf. §3.2.1.2, page 26).

Schématiquement, un énoncé de l'utilisateur est analysé par le parser LTAG, dont le résultat est formalisé dans un langage pivot : le schéma actanciel de Tesnière. Ensuite, cette représentation formelle de l'énoncé est instanciée en Acte de Discours, puis traitée par le moteur d'inférence de l'agent. La réponse de l'agent est également instanciée en Acte de Discours, puis pour éviter une certaine monotonie dans les réponses, il y a génération d'un graphe de possibilités qui sera passé au module Charabia.

Nota Bene. Précisons ici, que lors de mon arrivée dans l'équipe, cette plateforme présentait plusieurs dysfonctionnements empêchant ainsi son exécution.

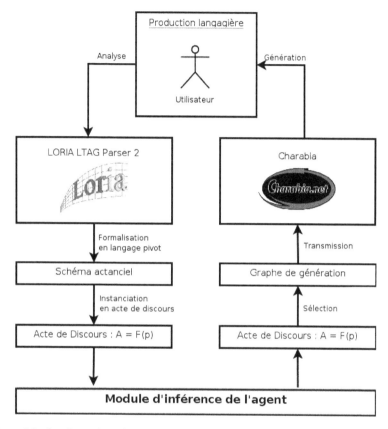

Figure 3.2 : Représentation schématique de l'architecture générale de la plateforme ACORE.

3.1.3 Loria LTAG Parser 2 (LLP2)

Le parser LLP2 est un analyseur syntaxique ascendant basé sur les grammaires lexicalisées d'arbres adjoints (LTAG : Lexicalized Tree Adjoining Grammar) développé au LORIA [1]. Ce parser, implémenté en langage Java, est initialement le travail de [Lopez, 1999] et a été repris par Azim Roussanaly, dans l'équipe Langue et Dialogue.

1. Laboratoire LOrrain de Recherche en Informatique et ses Applications de Vandœuvre-lès-Nancy (54), Campus scientifique — UMR 7503

3.1.3.1 Architecture

L'architecture de l'analyseur est assez classique. Celui-ci prend en entrée un *énoncé* (ou une liste de phrases) qui sont en premier lieu segmentées par un transducteur compilé à partir d'un dictionnaire de formes fléchies (*i.e.*, un arbre à lettres augmenté de transitions pour retourner à l'état initial lorsqu'un nouveau mot commence). La sortie du *segmenteur* produit un graphe de mots qui est donné au *lemmatiseur*. Ce dernier a pour fonction de réduire les formes fléchies à une forme lemmatisée, ainsi que de lexicaliser les mots (*i.e.*, associer chaque mot à l'ensemble des schémas d'arbres de la grammaire qui lui correspondent). La sortie du lemmatiseur est ensuite donnée à l'*analyseur* qui, en sortie renvoie son classement, parcouru par le module de construction, qui engendre finalement les arbres de dérivation, ainsi que les arbres dérivés.

3.1.3.2 Données manipulées

Le parser LLP2 manipule plusieurs types de données. TAGML est le formalisme de spécification XML des divers éléments d'une grammaire d'arbres adjoints. Les structures de traits [Dubois, 2003] sont également utilisées dans le formalisme TAGML.

3.1.4 Le schéma actanciel de Tesnière

On gardera en mémoire la figure 3.2 où le schéma actanciel, introduit par [Tesnière, 1965], consiste à considérer un énoncé comme une pièce de théâtre où l'action, les acteurs et les circonstances correspondraient respectivement par analogie aux verbes, actants et circonstants. L'énoncé est alors représenté par un arbre (appelé stemma) dont la racine est le nœud verbal.

Chaque procès (verbe) régit un certain nombre d'actants qui est désigné par le terme de valence. Un procès peut donc être :

avalent : il fait beau, il neige ;

monovalent : je pense donc je suis ;

bivalent : Jean aime Marie ;

trivalent : Jean donne un baiser à Marie.

Dans le cas d'un procès trivalent du type [Sujet Verbe COD COI], nous aurons la représentation illustrée à la figure 3.3. Les actants du procès peuvent être de différents types : un *objet de négociation*, une *caractéristique* ou un *acteur* (humain ou agent). Pour le traitement linguistique, il faut en plus déterminer la nature, le genre et le nombre d'actants du procès. Le schéma actanciel permet ainsi de formaliser plus facilement un énoncé en langue naturelle.

24

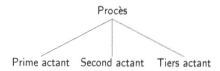

Procès

Prime actant   Second actant   Tiers actant

Figure 3.3 : Représentation du procès trivalent

3.1.5 Génération de texte : Charabia

La génération de texte se fait à l'aide de l'application gratuite Charabia[2]. La figure 3.4 montre un exemple de graphe utilisé pour la génération de texte ; on y retrouve les variables (préfixées par un $) du procès.

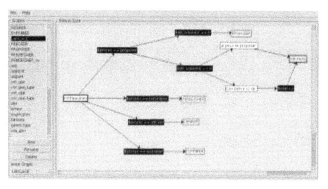

Figure 3.4 : Exemple de graphe pour la génération de texte dans un contexte de proposition

3.2 De ACORE à $\mathcal{A}^2$CoRe

Mon travail d'implémentation a consisté à remettre sur pied la plateforme existante ACORE, puis, après une revue bibliographique des théories de l'émotion, d'implémenter un module dans la plateforme. Nous proposons d'appeler cette nouvelle plateforme $\mathcal{A}^2$CoRe (Affective Agent for Conversation and Recommendation).

3.2.1 Travail préliminaire de remise en forme

Pour l'ensemble du développement, j'ai utilisé l'environnement Eclipse.

---

2. On peut retrouver sur Internet à l'adresse http://www.charabia.net

25

3.2.1.1 Nettoyage du code de la plateforme

La première étape de mon travail a été de renommer l'ensemble des packages et sous-packages de la plateforme en respectant les usages en vigueur. En l'occurrence, tous les packages ont été préfixés par `fr.imag.leibniz.magma.acore` pour permettre une éventuelle distribution sous forme d'application, ou bien de déployer le code en une applet Java, sur un serveur de l'équipe.

Ensuite, il a fallu corriger un certain nombre d'erreurs (en partie dues au fait de renommer des packages), ainsi que de nombreuses mises en garde. J'ai préféré utiliser la dernière version du JDK (*i.e.*, version 1.5), ce qui m'a également contraint à corriger l'utilisation de certaines classes maintenant obsolètes.

3.2.1.2 Migration de la base de données

ACORE utilise la même base de données que le Deuxième Monde, *i.e.* « Mes Meilleurs Amis » (MMA). Cette dernière a été développée sous un environnement propriétaire : Microsoft® Access®. Néanmoins, l'utilisation de ce système de gestion de base de données (SGBD) n'est pas sans poser quelques problèmes :

portabilité : MS Access n'est disponible que pour les plateformes Windows et MacIntosh ; la volonté de faire une application générique nous a donc conduit à préférer un SGBD multi-plateforme.

utilisation : MS Access fait partie intégrante de la suite bureautique Microsoft® Office qui est bien évidemment payante ; encore une fois, nous cherchions un SGBD gratuit (voire libre : Open Source).

performance : dans la perspective d'avoir rapidement plusieurs bases de données pour répondre à des compétences plus générales de l'agent, nous souhaitions un SGBD plus robuste que MS Access.

Notre choix s'est porté sur le serveur de base de données MySQL (multi-plateforme, gratuit et qui a largement fait ses preuves dans les applications Web existantes).

Installation. J'ai donc installé et configuré un serveur de base de données MySQL sur un poste de l'équipe (pc-magma1.imag.fr). J'ai ensuite eu pour tâche d'exporter et convertir la base de données MMA, pour l'importer sur le serveur MySQL. Pour cela, j'ai écris un script en *Bourne Shell* en utilisant les outils libres : *mdb-tools*[3].

---

3. Cette suite comporte plusieurs utilitaires permettant de lister le nom, d'exporter, de convertir des tables présentes dans une base de données MS Access [Bruns, 2003].

3.2.1.3 Correction de l'interface entre la plateforme et LLP2

Certaines erreurs lors de l'éxécution étaient dues à un mauvais interfaçage entre la plateforme et le parser LLP2. En effet, les développeurs précédents ont fait le choix de ré-utiliser les sources du code de LLP2 plutôt que de l'utiliser en tant qu'application externe. Après avoir identifié les classes dépendantes de la plateforme, j'ai délégué le reste en code en tant que librairie externe (j'ai tout compilé dans une archive jar : `loria-ltag-parser2-v0.2c-bin.jar`). Dans ces conditions, il sera envisageable de pouvoir passer à la nouvelle version du parser LLP2.

3.2.1.4 Centralisation et amélioration de la configuration

Pour permettre un déploiement multi-plateforme, j'ai centralisé l'ensemble de la configuration dans une classe du module principal *agent*. Ainsi, le chemin d'accès aux fichiers (lexique du parser, fichier de configuration de l'agent, ...) peut être spécifié une seule fois dans cette classe `fr.imag.leibniz.magma.acore.agent.Settings`.

3.2.1.5 Démonstration

Toutes ces corrections apportées, la plateforme a donné des premiers résultats intéressants. Voici deux exemples de dialogue obtenus avec l'agent conversationnel de recommandation.

Humain >	Bonjour
Robot >	Bonjour
Humain >	J'aimerais une comédie
Robot >	J'ai trop de critères correspondant à ta demande.
Robot >	Y a-t'il un acteur que tu souhaiterais ?
Humain >	Sophie Marceau
Robot >	Que penses-tu de Joyeuses Pâques ?
Humain >	OK
Robot >	C'est parfait, l'affaire est conclue.
Humain >	Au revoir.
Robot >	À bientôt.

Figure 3.5 : Exemple de dialogue de recommandation avec l'agent

3.2.2 Proposition d'un modèle d'agent pour la plateforme $\mathcal{A}^2$CoRe

Cette sous-section présente ma proposition d'évolution de la plateforme ACORE vers une plateforme que nous appelerons $\mathcal{A}^2$CoRe pour "Affective Agent for Conversation and Recommenda-

Humain >	Salut
Robot >	Salut
Humain >	Donne moi le film Matrix
Robot >	C'est parfait, l'affaire est conclue.
Humain >	Bye
Robot >	Bye

Figure 3.6 : Exemple de dialogue directif avec l'agent

tion". Après avoir justifié le choix du modèle OCC, nous expliquerons comment l'intégrer dans la plateforme existante (ACORE).

3.2.2.1 Choix du modèle OCC

Dans le chapitre 1, nous avons montré que, de tous les modèles étudiés, celui d'[Ortony *et al.*, 198 est de loin le plus adapté à une implémentation informatique. De plus, les 22 émotions gérées par le modèle OCC offrent un panel significatif pour les besoins de notre plateforme. Dans le chapitre 2, nous avons l'exemple de plusieurs applications implémentant un module émotionnel, dans un contexte multi-agent. Les trois applications présentées dans la section 2.4 (page 16) implémentent en fait le modèle OCC. L'évaluation de ces 3 systèmes justifie l'intérêt porté à ce modèle.

3.2.2.2 Intégration du module OCC-Lite dans la plateforme

Dans le cadre de son stage de DUT, [Cramet, 2004] a développé une application implémentant une partie du modèle OCC. De plus, l'étudiant a réalisé une interface graphique permettant de tester l'efficacité de l'algorithme en s'appuyant sur les faces de Chernoff (voir Fig. 3.7).

Nous appelerons le module développé par [Cramet, 2004] : OCC-Lite. L'idée que je propose, serait d'utiliser ce module isolé et de l'intégrer à la plateforme ACORE actuelle, en l'interfaçant de manière pertinente. En se référant à l'architecture d'ACORE (voir Fig. 3.2, page 23), il convient de se poser la question : où intégrer ce module ?

Une réponse réaliste mais non-réalisable serait : « partout » ! Plus concrètement, la question de localisation du module OCC-Lite dans la plateforme revient à se demander comment instancier les paramètres du modèle OCC (Cf. §??, page ??). L'analyse en langue naturelle effectuée par LLP2 est beaucoup trop complexe pour lui ajouter cette tâche. Néanmoins, la formalisation de l'énoncé en Actes de Discours me paraît plus pertinente.

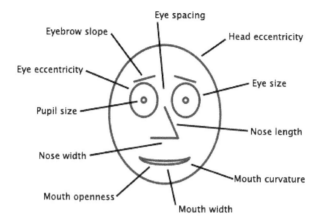

Figure 3.7 : Caractéristiques des faces de Chernoff

Selon [Vanderveken, 1988, chapitre 4 : Analyse des verbes performatifs français], qui a repris les travaux de [Searle, 1969], il existe 5 types de verbes performatifs en français[4] : les *assertifs*, les *engageants* (encore nommés commissifs ou promissifs), les *directifs*, les *déclaratifs* et les *expressifs*. De plus, pour chaque catégorie, l'auteur propose un tableau sémantique des verbes performatifs.

La figure 3.8 (page 30) illustre le tableau sémantique des verbes de type directif. La dimension verticale de ce tableau correspond au degré de la force illocutoire. Par exemple le verbe *implorer* est beaucoup plus fort que le verbe *suggérer* (à la racine de l'arbre).

---

4. On dénombre en tout 120 verbes performatifs. [Vanderveken, 1988] parle également de verbes illocutoires. Le terme « performatif » étant emprunté à la terminologie de [Austin, 1962], directement issu de l'anglais *"to perform"* qui signifie : exécuter.

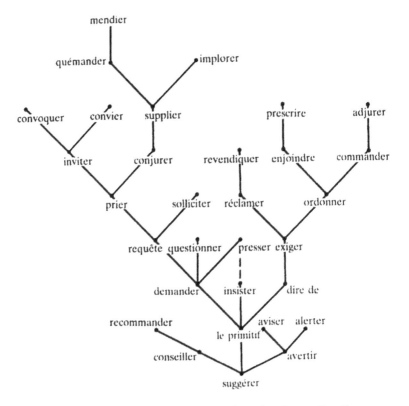

Figure 3.8 : Tableau sémantique pour les verbes de type directif

Rappelons le dialogue présenté à la figure 3.5 (page 27) :

```
Humain >    Bonjour
 Robot >    Bonjour
Humain >    J'aimerais une comédie
 Robot >    J'ai trop de critères correspondant à ta demande.
 Robot >    Y a-t'il un acteur que tu souhaiterais ?
Humain >    Sophie Marceau
 Robot >    Que penses-tu de Joyeuses Pâques ?
Humain >    OK
 Robot >    C'est parfait, l'affaire est conclue.
Humain >    Au revoir.
 Robot >    À bientôt.
```

L'agent comprend l'énoncé de l'utilisateur « J'aimerais une comédie » comme un acte directif, paraphrasé par le verbe performatif *désirer*. Si bien que chaque verbe de la langue française (et donc plus généralement chaque énoncé langagier) peut être paraphrasé par un verbe performatif. Je propose donc d'utiliser les tableaux sémantiques de [Vanderveken, 1988] pour établir une table de correspondance quantitative avec les paramètres du modèle OCC. Le tableau 3.1 présente un exemple de valuation de quelques variables du modèle OCC pour les deux verbes directifs *suggérer* et *implorer* ; cette valuation est arbitrairement donnée par la place de ces deux verbes dans le tableau sémantique. On procèderait de la même manière pour tous les autres verbes performatifs.

Variable du modèle OCC	Suggérer	Implorer
Désirabilité	–	++
Relation à l'autre	+	++
Effort	–	++
Degré d'Attente	–	++

Table 3.1 : Exemple de valuation de quelques variables du modèle OCC

3.3 Synthèse

Après une rapide présentation de la plateforme ACORE et des améliorations qui ont été effectuées, j'ai proposé l'intégration d'un module émotionnel OCC-Lite basé sur le modèle élaboré par [Ortony *et al.*, 1988] au sein de cette plateforme, et ce, en l'interfaçant via les Actes de Discours.

Conclusion et perspectives

Conclusion générale

Les deux sphères *cognition* et *émotion*, longtemps séparées par la philosophie, sont désormais considérées comme interdépendantes, notamment depuis [Damasio, 1994]. Aussi, l'Intelligence Artificielle qui tente de modéliser le raisonnement humain (*i.e.*, la cognition naturelle) est lacunaire de n'avoir pas considéré les émotions comme essentielles dans les systèmes d'inférences. Notre étude bibliographique, ainsi que l'analyse des principales plateformes de dialogue gérant les émotions (même de manière partielle) tendent à démontrer que le modèle le plus adapté reste le modèle OCC.

Après avoir travaillé sur la plateforme ACORE, j'ai établi une proposition d'intégration des émotions en utilisant le module existant : OCC-Lite. L'idée est de valuer les variables du modèle OCC, via une interface qui ferait la correspondance entre chaque variable et la force illocutoire des verbes performatifs du français.

Un stage de Sciences Cognitives

L'*émotion*, tout comme la *cognition*, est un concept beaucoup trop vaste et complexe pour pouvoir être défini précisément. Son étude ne peut alors être que pluridisciplinaire tout comme l'est la cognition au travers des Sciences Cognitives. Si la composante fondamentale de ce stage reste l'informatique, notre étude bibliographique liminaire se devait de couvrir le concept d'émotion par le biais de la philosophie, de la biologie (physiologie et neurologie) et surtout de la psychologie.

Perspectives

Les perspectives de développement sur la nouvelle plateforme $\mathcal{A}^2$CoRe sont multiples. L'intégration du module OCC-Lite engendre un travail théorique assez conséquent, en particulier sur la conception de la table de correspondance entre la force illocutoire des verbes performatifs et les variables du modèle (Cf. §3.2.2.2, page 28). Il faudrait également retravailler l'interface entre le parser LLP2 et la plateforme, notamment en exploitant les travaux de [Crabbé, 2005] qui, à l'issue de son travail de thèse, a élaboré une grammaire associée à la nouvelle version du parser[5]. Afin d'éviter la monotonie dans les dialogues avec l'agent, les graphes de génération pourraient être enrichis en utilisant l'application existante Charabia. Enfin, l'interface graphique de la fenêtre de dialogue pourrait être améliorée en y ajoutant un avatar comme A.L.I.C.E.[6] illustrée à la figure 3.9.

Figure 3.9 : Avatar d'A.L.I.C.E.

À la suite de l'intégration de cet avatar, il deviendrait alors envisageable de gérer la multi-modalité (éléments de proxémique, sémiotique, prosodique, ...) afin d'agrémenter le dialogue Homme-Machine ; sans pour autant oublier que le raisonnement reste avant tout le point fondamental de notre architecture.

Oscar Wilde disait que « le mérite de la science était d'être exempte d'émotions » ; nous pourrions lui rétorquer qu'il ne s'agit pas ici d'un mérite, mais plutôt d'un défaut.

---

5. La nouvelle version du parser, prochainement distribuée (septembre 2005), a notamment participé au projet EVALDA-EASY (http://www.elda.org) qui propose d'évaluer différents logiciels de traitement automatique des langues.
6. A.L.I.C.E. (Artificial Linguistic Internet Computer Entity) est sans aucun doute le plus connu des chatter-bots : http://www.alicebot.org

Références bibliographiques

[Arnold, 1950] Madga Arnold. *Emotion and personality*, chapter An exitatory theory of emotion. In M. L. Reymert (Eds.), New York: Academic Press, 1950.

[Austin, 1962] John L. Austin. *How to do Things with Words*. Oxford University Press, 1962.

[Bartneck, 2002] Christoph Bartneck. Integrating the OCC model of emotions in embodied characters. In *Workshop on Virtual Conversational Characters: Applications, Methods, and Research Challenges*, Melbourne, 2002.

[Berger and Pesty, 2005a] Alexandra Berger and Sylvie Pesty. Towards a conversational language for artificial agents in mixed community. In *4th International Central and Eastern European Conference on Multi-Agent Systems*, Budapest, Hungary, September 2005. À paraître.

[Berger and Pesty, 2005b] Alexandra Berger and Sylvie Pesty. Vers un langage de conversation entre agents pour l'interaction dans les communautés mixtes. In *Colloque Jeunes Chercheurs en Sciences Cognitives*, Bordeaux, France, Mai 2005.

[Bisognin and Pesty, 2003] Luca Bisognin and Sylvie Pesty. *Petit manuel de survie en langue d'OCC*. Laboratoire Leibniz-IMAG, Grenoble, France, 2003.

[Brincourt, 2003] Sylvie Brincourt. Un agent conversationnel pour le commerce en ligne. Mémoire, Conservatoire National des Arts et Métiers (CNAM), Centre d'enseignement de Grenoble, Juillet 2003.

[Bruns, 2003] Brian Bruns. *A Guide to Installing and Configuring MDB Tools*. Free Software Foundation (FSF), 2003.

[Cannon, 1927] W.B. Cannon. The james-lange theory of emotions: A critical examination and an alternative theory. *The American Journal of Psychology*, (39):106–124, 1927.

[Chicoisne, 2002] Guillaume Chicoisne. *Dialogue entre agents naturels et agents artificiels. Une application aux communautés virtuelles*. Thèse de doctorat, Institut National polytechnique de Grenoble (INPG), Laboratoire Leibniz-IMAG, Grenoble, France, Décembre 2002.

[Crabbé, 2005] Benoît Crabbé. *Représentation informatique de grammaires fortement lexicalisées. Application à la grammaire d'arbres adjoints*. Thèse de doctorat, Université Nancy 2, Laboratoire LORIA, Nancy, France, Juin 2005.

[Cramet, 2004] Damien Cramet. Conception d'un module d'évaluation d'émotion dans le cadre d'un agent émotionnel. Rapport de stage, Université Pierre Mendès-France, IUT 2 (département d'informatique), Grenoble, Avril–Juin 2004.

[Damasio, 1994] Antonio R. Damasio. *L'erreur de Descartes*. Éditions Odile Jacob, 1994.

[de Sousa, 2003] Ronald de Sousa. Emotion. In Edward N. Zalta, editor, *The Stanford Encyclopedia of Philosophy*. 2003.

[Dubois, 2003] Nicolas Dubois. Documentation de l'API Feature Structures. Tutorial, Laboratoire LORIA, Vandœuvre-lès-Nancy, Campus Scientifique, 2003.

[El-Nasr *et al.*, 1999] Magy Seif El-Nasr, Thomas R. Ioerger, John Yen, Donald H. House, and Frederic I. Parke. Emotionally expressive agents. In *CA'99: Proceedings of the Computer Animation*, page 48, Washington, DC, USA, 1999. IEEE Computer Society.

[El-Nasr *et al.*, 2000] Magy Seif El-Nasr, John Yen, and Thomas R. Ioerger. FLAME—Fuzzy Logic Adaptive Model of Emotions. *Autonomous Agents and Multi-Agent Systems*, 3(3):219–257, 2000.

[Elliot, 1992] Clark Elliot. *The Affective Reasoner: A Process Model of Emotion in a Multi-Agent System*. PhD thesis, Institute for the Learning Sciences, Northwestern University, 1992.

[Fehr and Russell, 1984] B. Fehr and J.A. Russell. Concept of emotion viewed from a prototype perspective. *Journal of Experimental Psychology*, 113:464–486, 1984.

[Ferber, 1995] Jacques Ferber. *Les Systèmes multi-agents : vers une intelligence collective*. InterÉditions, Paris, 1995.

[Frijda, 1986] Nico H. Frijda. *The Emotions*. Cambridge University Press, 1986.

[James, 1884] William James. What is an emotion? *Mind*, (9):188–205, 1884.

[Lang, 1985] Peter J. Lang. *The cognitive psychophysiology of emotion: Fear and anxiety*, chapter Anxiety and the anxiety disorders. Tuma, A. H. and Maser, J. D. (Eds), Hillsdale, NJ, lawrence erlbaum associates edition, 1985.

[Lang, 1994] Peter J. Lang. *The motivational organization of emotion: Affect-reflex connections*, chapter Emotion: Essays on emotion theory. Goozen, S. H. M. V. and VandePoll, N. E. and Sergeant, J. A. (Eds), Hillsdale, NJ, USA, lawrence erlbaum associates edition, 1994.

[Lange, 1885] Carl G. Lange. *The Mechanism of the Emotions*. Rand, Benjamin, 1885.

[Lazarus, 1991] Richard S. Lazarus. *Emotion and adaptation*. Oxford University Press, New York, 1991.

[Lopez, 1999] Patrice Lopez. *Analyse d'énoncé oraux pour le dialogue homme-machine à l'aide de grammaires lexicalisées d'arbres*. Thèse de doctorat, Université Nancy 1, Laboratoire LORIA, Nancy, France, 1999.

[Mandler, 1980] George Mandler. *Emotion, theory, research, and experience*, volume 1, chapter The generation of emotion: A psychological theory, pages 219–244. In R. Plutchick and H. Kellerma (Eds.), New York: Academic Press, 1980.

[Ortony *et al.*, 1988] A. Ortony, G. L. Clore, and A. Collins. *The Cognitive Structure of Emotions.* Cambridge University Press, 1988.

[Picard, 1995] Rosalind W. Picard. Affective computing. Technical Report 321, MIT Media Laboratory, November 1995.

[Rao and Georgeff, 1995] Anand S. Rao and Michael P. Georgeff. BDI-agents: from theory to practice. In *Proceedings of the First Intl. Conference on Multiagent Systems*, San Francisco, CA, USA, 1995.

[Rao and Georgeff, 1998] Anand S. Rao and Michael P. Georgeff. Modeling rational agents with a bdi-architecture. pages 317–328, 1998.

[Reilly and Bates, 1992] William Scott Reilly and Joseph Bates. Building emotional agents. Technical Report CMU-CS-92-143, Canergie Mellon University, Pittsburgh, PA, USA, 1992.

[Roseman *et al.*, 1990] Ira J. Roseman, P. E. Jose, and M. S. Spindel. Appraisals of emotion-eliciting events: Testing a theory of discrete emotions. *Journal of Personality and Social Psychology*, 59:899–915, 1990.

[Schachter and Singer, 1962] S. Schachter and D. E. Singer. Cognitive, social, and physiological determinants of emotional state. *Psychological review*, 69(5):379–399, 1962.

[Scherer, 1984] Klaus R. Scherer. Les émotions : Fonctions et composantes. *Cahiers de Psychologie Cognitive*, 4:9–39, 1984.

[Searle and Vanderveken, 1985] John R. Searle and Daniel Vanderveken. *Foundations of Illocutionary Logic.* Cambridge University Press, 1985.

[Searle, 1969] John R. Searle. *Speech Acts.* Cambridge University Press, 1969.

[Tesnière, 1965] Lucien Tesnière. *Éléments de syntaxe structurale (2e édition).* Librairie Klinksieck, 1965.

[Valins, 1966] S. Valins. Cognitive effects of false heart-rate feedback. *Journal of Personality and Social Psychology*, 4:400–408, 1966.

[Vanderveken, 1988] Daniel Vanderveken. *Les actes de discours. Essai de philosophie du langage et de l'esprit sur la signification des énonciations.* Éditions Pierre Mardaga, Liège, Bruxelles, 1988.

[Zadeh, 1965] Lotfi A. Zadeh. Fuzzy sets. *Inf. Control*, 8(338), 1965.

Tables des illustrations

Table des figures

Liste des tableaux

Table des matières

Tables des illustrations **37**

Table des matières **40**

Résumé

Ce mémoire propose une étude bibliographique des émotions, en se focalisant sur les modèles psychologiques computationnels, en vue d'une future implémentation sur une architecture d'agent conversationnel de recommandation. Cette étude, ainsi que les implémentations déjà existantes, converge vers la préférence pour le modèle OCC. Après une remise sur pied de la plateforme ACORE (développé au sein de l'équipe MAGMA), nous proposons une intégration possible des émotions via la théorie des Actes de Discours.

Mots clés : émotion, modélisation, systèmes multi-agents (SMA), modèle OCC, théorie des Actes de Discours.

Abstract

This master's thesis proposes a bibliographical study of emotions, focusing on the computational psychological models, for a future implementation on an architecture of conversational agent of recommendation. This study, as the already existing implementations, converges towards the preference for the OCC model. After a upgrade of the ACORE platform (developed within the MAGMA team), we propose a possible integration of emotions using the Speech Acts theory.

Keywords: emotion, modeling, Multi-Agent Systems (MAS), OCC model, Speech Acts theory.